AF242571

Paris, le 10 novembre 1917.

# RAPPORT
## AU PRÉSIDENT DE LA RÉPUBLIQUE.

Monsieur le Président,

J'ai l'honneur de soumettre à votre haute approbation un règlement d'administration publique destiné à remplacer, à la fois, l'ordonnance du 15 novembre 1846, modifiée par décret du 1er mars 1901, sur la police, la sûreté et l'exploitation des chemins de fer, et le décret du 16 juillet 1907, réglant la construction et l'exploitation des voies ferrées d'intérêt local établies sur le sol des voies publiques.

La loi du 11 juin 1880 avait établi une distinction entre les chemins de fer d'intérêt local, soumis, en principe et sauf dérogations spéciales, aux mêmes règlements que les chemins de fer d'intérêt général, et les tramways, établis sur les voies publiques et soumis à des règlements spéciaux. L'expérience a montré ce que cette distinction avait d'arbitraire : une même ligne est souvent établie en partie sur une plate-forme indépendante, en partie sur le sol de voies restant ouvertes à la circulation des voitures ordinaires; elle n'en assure pas moins, dans toutes ses parties, le même service. La loi du 31 juillet 1913 confond aujourd'hui toutes les voies ferrées d'intérêt local dans une même catégorie, soumise à la loi du 15 juillet 1845 sur la police des chemins de fer et à laquelle doivent désormais s'appliquer les mêmes règlements, sauf les dérogations nécessaires en ce qui concerne les sections établies sur des voies publiques.

Pour les chemins de fer, l'ordonnance du 15 novembre 1846 avait été rédigée avec tant de compétence, qu'elle avait pu rester en vigueur presque sans modifications jusqu'en 1901; un décret du 1ᵉʳ mars 1901 avait adapté aux besoins actuels un certain nombre d'articles, sans réaliser de changements profonds. Pour les tramways c'était le règlement d'administration publique du 6 août 1881 qui édictait, à l'origine, les dispositions correspondantes; il avait subi une adaptation analogue par le décret du 16 juillet 1907. Une Commission interministérielle a préparé la fusion de ces textes, pour répondre aux judicieuses intentions du législateur de 1913. Les concessionnaires des voies ferrées d'intérêt local, dont la règlementation devait être assez profondément remaniée, comme venait de l'être la législation, étaient représentés dans la commission par les directeurs de trois compagnies appartenant aux principaux types d'entreprises. Les améliorations concernant également les grands réseaux d'intérêt général qui, à cette occasion, ont été apportées aux dispositions de l'ordonnance de 1846, ont été communiquées aux représentants de ces réseaux, pour qu'il puisse être tenu compte de leurs observations. C'est après cette longue instruction que le Conseil d'État a arrêté le texte que je vous propose aujourd'hui de vouloir bien sanctionner.

Ce texte comprend à la fois des dispositions générales, concernant toutes les voies ferrées, et des règles spéciales aux sections empruntant les voies publiques. L'addition de celles-ci suffit pour adapter les règlements concernant les chemins de fer aux anciens tramways ruraux, reliant à travers la campagne des agglomérations séparées, transportant des voyageurs et des marchandises de l'une à l'autre au moyen de trains peu nombreux, lourds et longs, faisant en un mot le même service que les lignes secondaires des chemins de fer. Mais, sur beaucoup de points, il fallait une règlementation toute différente pour les tramways urbains ou suburbains, qui ne sortent pas des agglomérations ou de leur banlieue, qui transportent presque uniquement des voyageurs et parfois seulement des messageries, au moyen de voitures automotrices isolées ou de trains de faible longueur, se succédant fréquemment, et pour lesquels la traversée des lieux habités est la règle, au lieu d'être l'exception. Il était nécessaire, pour ces exploitations spéciales, de substituer à beaucoup d'articles établis jadis en vue des chemins de fer, par l'ordonnance de 1846, des dispositions assez différentes, qui avaient trouvé place jusqu'ici dans les décrets de 1881 et de 1907.

Pour éviter toute confusion sur ce point, le nouveau règlement a donné à ces voies ferrées, d'une nature spéciale, la dénomination de tramways urbains. Une mention placée en tête d'un certain nombre d'articles indique que les uns ne sont pas applicables aux tramways urbains, que les autres leur sont applicables et ne le sont pas aux voies ferrées ne rentrant pas dans cette catégorie. Afin de prévenir toute ambiguïté sur l'applicabilité des règles dont la violation entraîne des sanctions pénales, il est spécifié qu'un décret en la forme de règlement d'administration publique déterminera les lignes soumises au régime des tramways urbains, parmi celles qui avaient été concédées sous le régime de la loi du 11 juin 1880, après que les concessionnaires auront été invités à formuler leurs observations; une instruction sera ouverte, à cet effet, aussitôt que vous aurez bien voulu donner votre sanction au décret. Pour les lignes qui seront concédées à l'avenir, l'acte de concession déterminera celles qui seront soumises à la règlementation spéciale des tramways urbains.

Ces distinctions sont expliquées dans le titre 1 du décret. Je crois devoir signaler, à leur occasion, une disposition transitoire qui figure dans l'article 100 et qui se rattache aussi à la distinction, d'une portée plus générale, faite jusqu'ici entre les chemins de fer et les tramways. Pour ces derniers, les auteurs des décrets édictés en exécution de la loi du 11 juin 1880 avaient cru devoir reporter dans ces règlements un certain nombre de dispositions, participant à la fois du caractère du règlement et de celui du contrat nécessaire pour définir le service à exécuter quand il s'agit de lignes concédées, dispositions qui, pour les chemins de fer, avaient toujours pris place dans le cahier des charges annexé au traité de concession. En unifiant la règlementation de toutes les voies ferrées, il était nécessaire de se conformer, pour la répartition des matières entre les actes émanant de l'autorité publique seule et ceux qui ont un caractère bilatéral, aux règles en usage sur tous les chemins de fer d'intérêt général et d'intérêt local, qui constituent les cinq sixièmes de notre réseau. Cette répartition est d'ailleurs la seule conforme à la nature des choses, car les articles en question définissent des obligations dont l'étendue est naturellement prise en considération pour déterminer le régime financier de chaque concession; par suite, la juridiction contentieuse a dû reconnaître que les modifications apportées à leur texte, quand le décret du 6 août 1881 a été remplacé par celui du 16 juillet 1907, ne pouvaient être appliquées aux concessions antérieurement faites sous le régime du premier de ces décrets.

1.

Le nouveau règlement d'administration publique ne contient plus ces clauses, qui sont plutôt contractuelles. Dès lors, il y aurait eu une lacune dans les textes applicables aux concessions faites sous le régime des décrets de 1881 et de 1907, si l'abrogation de ces décrets avait fait disparaître sans restriction des articles qui, pour ces concessions, ne figurent pas dans les cahiers des charges, tandis qu'ils y seront inscrits à l'avenir pour toutes les voies ferrées, comme ils le sont déjà pour tous les chemins de fer. L'article 100 du nouveau décret décide que les articles en question des anciens décrets de 1881 et de 1907 resteront en vigueur, pour toutes les concessions de tramways antérieures à sa publication, jusqu'au jour où le remaniement des contrats qui les régissent permettra de les soumettre au nouveau régime. On peut espérer, d'ailleurs, que ce remaniement pourra être réalisé assez prochainement pour la plupart des concessions, car le Gouvernement devra tenir la main à ce qu'elles soient soumises tout entières au nouveau régime, dès que l'occasion en sera fournie par une de ces extensions qui se produisent fréquemment. Le législateur lui a dicté sa conduite, à cet égard, en édictant une règle analogue dans l'article 49 de la loi du 31 juillet 1913.

Mais on ne saurait subordonner à un remaniement général des cahiers des charges l'établissement d'un embranchement, d'un prolongement ou d'une rectification dont la longueur serait très faible, eu égard à l'étendue d'un réseau préexistant, et qui serait reconnu nécessaire à la bonne utilisation de ce réseau. En pareil cas, il est tout naturel que ces petites sections soient soumises au cahier des charges des lignes dont elles constituent un accroissement insignifiant. C'est pourquoi l'article 100 leur étend le maintien en vigueur provisoire des articles des anciens décrets qui ne font que compléter ce cahier des charges.

Le titre I<sup>er</sup> du décret, *Dispositions générales*, après avoir défini les cas d'application des divers régimes indiqués ci-dessus, spécifie, comme le décret de 1901, que la traction électrique donne lieu à des règles particulières (article 1<sup>er</sup>), et il indique qu'un décret ultérieur statuera en ce qui concerne les voies ferrées des quais des ports maritimes ou fluviaux, pour lesquelles un régime particulier est aussi nécessaire (article 4).

Il spécifie également (article 5) que toutes les obligations et tous les droits reconnus aux Compagnies par les titres suivants incombent ou appartiennent à l'Administration exploitante, en cas de régie. Les anciens règlements, établis à une époque où le régime de la concession était le seul régime pratiqué, mentionnent, sur chaque question, les droits et obligations des concessionnaires. Le Parlement, en conférant formellement à l'Administration des chemins de fer de l'État la personnalité civile et en réglant sa situation administrative et financière, a nettement exprimé sa volonté de lui accorder une certaine autonomie, sous un contrôle identique à celui des Compagnies. Le décret du 26 juin 1915, édicté en vertu de la loi de 1913, a réglé de même la construction et l'exploitation en régie des voies ferrées d'intérêt local. La meilleure manière de bien déterminer, dans les matières réglées par le décret que j'ai l'honneur de vous soumettre, la situation des régies qui se multiplient de nos jours, est de conserver dans tous les articles les rédactions dont le sens a été fixé par une longue application, lorsque le régime de la concession existait seul, puis de décider, dans un article spécial, que l'Administration d'une régie est investie, pour leur application, des mêmes droits que les Compagnies. Dans un cas comme dans l'autre, en effet, il est nécessaire, pour que l'autorité ministérielle ou préfectorale s'exerce en pleine connaissance de cause, que l'exploitant ait le droit d'être entendu, avant qu'il soit statué, sur bien des questions; il l'est aussi, pour le bon ordre de l'exploitation, qu'une certaine autorité soit conférée à ses agents vis-à-vis du public. Le texte ci-joint n'est, à cet égard, que l'application de l'organisation donnée par les Chambres au réseau d'État et imitée dans le règlement intervenu, depuis lors, pour les Chemins de fer algériens exploités en régie.

Les autres dispositions du titre I<sup>er</sup> ne font que reproduire des dispositions déjà en vigueur; il me paraît donc inutile de les signaler ici, de même que je ne signalerai, dans les titres suivants, que les modifications de quelque importance apportées au régime antérieur.

Les articles relatifs aux conditions de l'emprunt des voies publiques par les voies ferrées d'intérêt local ont été introduits dans le titre *Des gares et de la voie*, devenu le titre II.

On a achevé, dans ce texte, de faire disparaître toute trace de l'ancienne précarité qui assimilait le tramway à une installation privée, établie en vertu d'une autorisation révocable. Les voies ferrées établies sur les voies publiques sont aujourd'hui, surtout dans les villes, un instrument de transport absolument essentiel. Les deux services publics superposés, par suite de la coexistence de deux modes de circulation, doivent être et seront désormais placés sur un pied d'égalité complète.

La voie ferrée doit supporter, sans indemnité, les gênes et même les interruptions de circulation résultant de l'usage normal de la voie publique empruntée, de son entretien, des modifications nécessaires dans son aménagement (articles 7 et 8), de même que l'autorité de qui relève cette voie supporte sans indemnité les gênes causées par la présence des rails. Mais, s'il y a modification ou suppression définitive (article 9) ou si on impose à l'exploitant de la voie ferrée le rétablissement des communications pendant une interruption temporaire (article 8), il a droit, en principe, à une indemnité. Toutefois, une dérogation à cette règle peut résulter de l'acte de concession : il ne faudrait pas que l'Administration qui compte, par exemple, déplacer un pont prochainement, fût amenée à s'opposer à ce qu'une voie ferrée y passât, parce que le concessionnaire, dûment averti, ne pourrait pas légalement prendre à sa charge les frais devant résulter du caractère provisoire du premier tracé.

En ce qui concerne la pose des voies et l'entretien, le nouveau texte précise les droits de l'autorité de qui relève la voie empruntée, si ce n'est pas elle qui fait la concession. Sous le régime de la loi de 1880, l'autorité concédante était toujours, dans ce cas, d'un rang plus élevé, pour ainsi dire, que celle de qui relevait la voie, puisque la concession devait être accordée par la plus éminente parmi les personnes morales (État, Département ou commune) gérant les voies empruntées. La loi de 1913 subordonne, avec grande raison, la désignation de l'autorité concédante au caractère du service (national, départemental, municipal ou intercommunal) et non à celui des voies occupées par les rails. Mais il était bon de réserver les droits de l'autorité dont les voies peuvent être empruntées, parfois malgré elle, pour un service étranger. C'est ce qui a été fait, dans les conditions ci-après :

Quand la voie empruntée relève de l'autorité concédante, les conditions d'entretien font partie de l'accord financier intervenu entre elle et son concessionnaire; elles peuvent parfois équivaloir, soit à une subvention, soit inversement à une sorte de contribution imposée à la voie ferrée, selon les perspectives de trafic envisagées. Quand la voie empruntée relève d'une autorité autre que celle qui signe le contrat, les conditions de l'entretien sont réglées par le décret réglementaire et il ne peut être dérogé aux prescriptions générales ainsi établies qu'avec l'assentiment de l'Administration dont on occupe les voies (articles 13). De même, les dérogations à la règle qui exige la pose de rails à gorge ou de contre-rails, dans les sections restant accessibles aux voitures ordinaires, sont subordonnées à l'assentiment de l'autorité de qui relève la voie empruntée et qui a mission de défendre les intérêts de la circulation ordinaire (art. 11).

Les titres III, *Du matériel employé à l'exploitation*, — IV, *De la composition des trains*, — V, *Du départ, de la circulation et de l'arrivée des trains*, — VI, *De la perception des taxes et des frais accessoires*, ne font que fusionner les dispositions contenues jusqu'ici dans les titres portant la même dénomination de l'ordonnance de 1846 modifiée en 1901, d'une part, du décret de 1907, d'autre part. On a fait disparaître les différences de rédaction qui n'avaient pas de raison d'être. On a maintenu, pour les tramways urbains seulement, certaines dispositions particulières, appliquées jusqu'ici à toutes les lignes qualifiées tramways par la loi de 1880 et n'ayant cependant aucune raison d'être pour les voies ferrées qui, tout en empruntant les voies publiques dans les régions rurales, sont exploitées comme de véritables chemins de fer. Aucune de ces améliorations des textes n'est de nature à mériter une attention particulière.

Le titre VII, *Police et surveillance*, contient des innovations plus nombreuses et plus importantes.

En ce qui concerne l'organisation du contrôle des lignes d'intérêt général, l'ordonnance de 1846 renvoyait à des règlements spéciaux. Depuis 1895, cette organisation est fixée par des règlements d'administration publique, conformément au principe posé par la loi du 27 février 1850; le texte nouveau consacre cette pratique (article 70).

Pour les lignes d'intérêt local, qu'elles soient départementales ou municipales, la loi du 31 juillet 1913, comme celle de 1880, renvoie au Préfet l'approbation des projets de détail (articles 11 et 12), l'homologation des tarifs (articles 31) et le contrôle en général (article 32). C'est pour répondre à cette situation que l'article 2 du nouveau décret, comme l'article 77 du décret de 1901, spécifie que les attributions conférées par tous les autres articles au Ministre, qui les exerce directement pour les réseaux d'intérêt général, sont exercées par le Préfet pour les voies ferrées d'intérêt local, à moins de dispositions contraires.

D'après la loi de 1913, d'ailleurs, comme d'après celle de 1880, le Préfet exerce ce contrôle sous l'autorité du Ministre des Travaux publics et des

Transports; mais la loi nouvelle oblige, en quelque sorte, le Ministre à exercer cette autorité, même en dehors des cas où les intéressés recourent à lui comme au supérieur hiérarchique du Préfet, puisqu'elle prévoit l'institution d'un contrôle central, relevant directement de lui, qui n'existait pas jusqu'ici.

Dans cette situation, il a paru nécessaire de décider dans le décret (article 71) que des arrêtés préfectoraux, précédés de l'avis de l'assemblée de qui émane la concession et soumis à l'approbation du Ministre, organiseront le contrôle. Son organisation sera, en effet, trop variable, suivant l'importance des réseaux, la nature de leur service, leur caractère départemental, communal ou intercommunal, pour faire l'objet de règles générales.

Pour les concessions municipales, l'arrêté préfectoral réglera les cas où l'avis du Maire ou du Président du syndicat de communes devra être demandé, avant qu'une décision intervienne; il réservera ainsi à l'autorité locale l'intervention qu'elle peut légitimement revendiquer, en permettant d'adopter des solutions différentes, suivant l'organisation plus ou moins complète des services techniques de la commune ou du syndicat.

Le Ministre statuera par des règles générales, comme aujourd'hui, sur les garanties de capacité des agents du contrôle et, en outre, sur l'organisation du contrôle central. L'article 72 du décret énumère d'ailleurs les attributions générales que doit exercer tout service de contrôle, afin de remplir sa mission, comme le faisait, pour les tramways seulement, l'article 52 du décret de 1907.

Les articles 77 et 78 reproduisent les interdictions contenues jusqu'ici, pour les chemins de fer, dans les articles 57 et 58 de l'ordonnance de 1846 modifiée en 1901 et, pour les tramways, dans les articles portant les mêmes numéros du décret de 1907. La fusion des deux textes a amené quelques changements de rédaction. En même temps, diverses prescriptions ont été mieux adaptées aux nécessités révélées par l'expérience.

L'ancien article 57 contenait des injonctions s'adressant à *toutes les personnes étrangères au service de la voie ferrée.* Les règles qu'il pose, pour assurer la sécurité et la régularité de la circulation, sont, pour la plupart, applicables aux agents du chemin de fer aussi bien qu'au public. Le nouveau texte correspondant (article 77), indique nettement que les interdictions ont un caractère général, sauf bien entendu en ce qui concerne les manœuvres effectuées par le personnel qualifié, dans l'exercice de ses fonctions.

Les paragraphes divers de l'article ont été remaniés de manière à prévoir, à la fois, le cas des voies posées sur une plate-forme indépendante et celui des voies ferrées établies sur les voies publiques. Un paragraphe nouveau assure la protection des lignes de transport ou de distribution d'énergie, auxquelles la traction électrique donne aujourd'hui une si grande extension.

L'article 78 (ancien 58) contient les règles concernant les voyageurs. Il a dû être également adapté aux besoins nouveaux, pour assurer, par exemple, la liberté de la circulation dans les voitures à couloirs et la perception régulière du prix des places, quand elle se fait en cours de route, comme c'est l'usage sur les tramways urbains et même sur les autres lignes où sont prévus des arrêts en dehors des stations. Le texte nouveau donne satisfaction à des plaintes dont mon Administration a été fréquemment saisie par le public, en interdisant l'encombrement des voitures par les colis des voyageurs qui envahissent la place à laquelle d'autres ont droit et en obligeant ceux qui troublent l'ordre à obéir aux injonctions des agents, même lorsque les actes par lesquels ils gênent leurs voisins et entravent le service ne sont pas formellement prohibés par les règlements.

La disposition qui excluait les personnes en état d'ivresse des voitures a été étendue à toutes les dépendances de la voie ferrée, pour éviter des causes de désordre et d'accident.

Le titre VIII, *Dispositions diverses*, renferme, sous le numéro 86 le texte de l'ancien article 65 ajouté en 1901 à l'ordonnance de 1846, afin d'armer le Ministre des pouvoirs nécessaires pour obliger les Compagnies à accroître leurs moyens d'action, quand ils ne suffisent plus à assurer le service dans les conditions règlementaires, en temps normal. Cet article très soigneusement élaboré à cette époque, ne s'appliquait qu'aux chemins de fer. La fusion des deux règlementations le rend applicable aux anciens tramways dont le service est identique à celui des chemins de fer ; il n'y avait en effet, dans ce cas, aucune raison de distinguer. Il a paru nécessaire, seulement, de réserver au Ministre statuant directement, même pour les voies ferrées d'intérêt local, des décisions qui peuvent avoir une importance capitale et qu'il serait difficile au supérieur hiérarchique de réformer, si elles avaient été édictées par le Préfet et si des réclamations démontraient ensuite qu'elles ont été adoptées inconsidèrement.

En ce qui concerne les tramways urbains, la même règle devait être appliquée en principe; mais elle ne pouvait l'être dans les mêmes formes, car il n'est pas possible, par exemple, d'enjoindre à une Compagnie de s'organiser pour assurer le transport de tous les voyageurs qui peuvent se présenter à certaines heures d'affluence, quand les nécessités de la circulation, dans les rues, obligent à limiter le nombre et la longueur des trains qui y circulent, ainsi que les emplacements affectés au stationnement des voitures. L'article 87, relatif à ces voies ferrées, spécifie que l'obligation d'assurer le transport de tous les voyageurs est limitée, pour elles, par les dispositions des règlements de police et par celles du cahier des charges qui définissent le service à assurer.

L'article 90 contient une disposition nouvelle, inspirée par les règles générales introduites dans la règlementation du travail pour empêcher la consommation de l'alcool de se développer dans les ateliers. L'alcoolisme est particulièrement redoutable dans les services des chemins de fer, puisqu'il peut troubler la vue et faire trembler la main d'agents sur la vigilance desquels reposent des centaines de vies humaines. Il a donc paru nécessaire d'interdire dans les chemins de fer, comme on l'a fait dans les ateliers, l'introduction et la vente des boissons alcooliques destinées aux agents, en dehors des boissons hygiéniques dont la consommation elle-même sera règlementée. Les Compagnies ont fait, à ces dispositions, quelques objections fondées sur les difficultés qu'elles auraient à exercer sur ce point une surveillance efficace. Il est évident que leur responsabilité, en ce qui concerne les conséquences de la violation de cette règle, ne pourra être engagée que dans la mesure où cette violation résulterait de leur négligence ou de leur tolérance; mais il importe que le caractère délictueux des actes les plus propres à compromettre la sécurité publique soit bien établi, avec l'obligation qui en résulte, pour les Compagnies, d'empêcher et de réprimer ces actes par tous les moyens pratiquement susceptibles d'être employés.

L'abrogation des décrets antérieurs, avec les exceptions transitoires signalées plus haut pour les articles des règlements sur les tramways qui comblent les lacunes des anciens cahiers des charges, résulte des articles 99 et 100.

Telles sont, Monsieur le Président, les dispositions qu'il a été reconnu nécessaire d'édicter pour réaliser, dans la mesure possible, l'unification des règles applicables aux diverses sortes de voies ferrées, voulue par le législateur. Cette unification a fourni l'occasion d'introduire dans les règlements d'administration publique les améliorations dont une longue expérience avait fait reconnaître l'utilité. En sanctionnant ces diverses mesures, vous soumettrez les voies ferrées à un régime répondant aux transformations récentes des grandes lignes et au développement actuel des lignes secondaires.

Veuillez agréer, Monsieur le Président, l'hommage de mon respectueux dévouement.

*Le Ministre des Travaux publics et des Transports,*

A. CLAVEILLE.

# DÉCRET DU 11 NOVEMBRE 1917

## PORTANT RÈGLEMENT D'ADMINISTRATION PUBLIQUE

## SUR LA POLICE, LA SÛRETÉ ET L'EXPLOITATION

### DES VOIES FERRÉES D'INTÉRÊT GÉNÉRAL

### ET D'INTÉRÊT LOCAL.

————

Le Président de la République française,

Sur le rapport du Ministre des Travaux publics et des Transports,

Vu la loi du 15 juillet 1845 sur la police des chemins de fer, et notamment l'article 21, § 1er, ainsi conçu :

« Toute contravention aux ordonnances royales portant règlement d'administration publique sur la police, la sûreté et l'exploitation des chemins de fer et aux arrêtés pris par les préfets, sous l'approbation du Ministre des Travaux publics, pour l'exécution desdites ordonnances, sera punie d'une amende de 16 à 3,000 francs » ;

Vu l'ordonnance du 15 novembre 1846, modifiée par décret du 1er mars 1901, portant règlement d'administration publique sur la police, la sûreté et l'exploitation des chemins de fer ;

Vu la loi du 31 juillet 1913 sur les voies ferrées d'intérêt local, et notamment l'article 43, §§ 1er et 2e, et l'article 47, 3°, 4° et 6°, ainsi conçus :

« *Art. 43.* — La loi du 15 juillet 1845 est applicable aux voies ferrées d'intérêt local, à l'exception de l'article 4 pour les parties de ces voies établies sur plateforme indépendante, et des articles 3, 5, 6, 7, 8, 9 et 10 pour les parties empruntant des voies publiques.

« Toutefois, pour des raisons de sécurité publique, le préfet peut imposer l'obligation de poser des clôtures sur tout ou partie de la voie ferrée ; il peut également exiger de poser des barrières au croisement des chemins fréquentés.

. . . . . . . . . . . . . . . . . . . . . . . . . . . . . . . . . . . . . . . . . . . . . . . . . . . . . . .

« *Art. 47.* — Des règlements d'administration publique déterminent :

. . . . . . . . . . . . . . . . . . . . . . . . . . . . . . . . . . . . . . . . .

« 3° Les conditions spéciales auxquelles doivent satisfaire, tant pour leur construction que pour l'exploitation, les voies ferrées établies sur les voies publiques;

« 4° Les rapports entre les services de ces voies et les autres services intéressés;

. . . . . . . . . . . . . . . . . . . . . . . . . . . . . . . . . . . . . . . . .

« 6° Et d'une manière générale toutes les dispositions nécessaires à l'exécution de la présente loi »;

Vu le décret du 16 juillet 1907, portant règlement d'administration publique pour l'exécution de l'article 38 de la loi du 11 juin 1880;

Le Conseil d'État entendu,

DÉCRÈTE :

# TITRE PREMIER.

## DISPOSITIONS GÉNÉRALES.

---

### ARTICLE PREMIER.

Les dispositions du présent décret sont applicables à toutes les voies ferrées d'intérêt général ou d'intérêt local, sous réserve des restrictions mentionnées en tête des articles qui ne sont pas applicables à certaines catégories de voies.

Sur les lignes où il est fait usage de l'énergie électrique pour la traction des trains, le Ministre des Travaux publics et des Transports peut autoriser les dérogations aux dispositions ci-après, qui sont justifiées par ce mode spécial de traction.

### ART. 2.

Pour l'application du présent décret aux voies ferrées d'intérêt local, les attributions conférées au Ministre des Travaux publics et des Transports par les articles qui ne concernent pas uniquement ces voies sont exercées par le Préfet, statuant sur le rapport du Service du contrôle, si elles ne sont pas réservées soit au Ministre, soit à d'autres autorités, par les lois et règlements spéciaux.

### ART. 3.

Sont considérées comme tramways urbains, pour l'application des dispositions ci-après, les voies ferrées d'intérêt local établies sur des voies publiques, dans les agglomérations et dans leur banlieue, et affectées seulement au service des voyageurs et éventuellement des messageries.

L'utilisation des voies de certaines lignes, à titre accessoire, pour des services de marchandises limités et n'ayant lieu qu'à certains moments déterminés, ne met pas obstacle à ce que le régime des tramways urbains soit appliqué à ces lignes.

Lorsqu'une voie ferrée d'intérêt local doit être soumise au régime des tramways urbains, l'acte qui autorise son établissement le spécifie.

En ce qui concerne :

1° Les voies ferrées d'intérêt local concédées comme tramways sous le régime de loi du 11 juin 1880 ;

2° Les voies ferrées d'intérêt local empruntant des voies publiques qui ont été concédées postérieurement à la promulgation de la loi du 31 juillet 1913 et antérieurement à la publication du présent décret et qui sont soumises, en vertu d'une disposition spéciale de l'acte autorisant leur établissement, au décret du 16 juillet 1907, un décret rendu en Conseil d'État ; les compagnies entendues, déterminera celles de ces lignes auxquelles le régime des tramways urbains sera applicable.

### ART. 4.

Des décrets spéciaux détermineront les règles applicables aux voies ferrées établies sur les quais des ports maritimes ou fluviaux.

Ces voies restent soumises aux règlements actuellement en vigueur jusqu'à la publication desdits décrets.

### ART. 5.

En ce qui concerne les voies ferrées exploitées directement par l'État, les

Départements, les communes ou les syndicats de communes, l'Administration exploitante est soumise aux obligations et est investie des droits résultant pour les compagnies du présent règlement.

## TITRE II.

### DES GARES ET DE LA VOIE.

#### ART. 6.

Les mesures de police destinées à assurer le bon ordre dans les parties des gares et de leurs dépendances accessibles au public sont réglées par des arrêtés du Préfet du département.

Cette disposition s'applique notamment à l'entrée, au stationnement et à la circulation des voitures publiques ou particulières, destinées soit au transport des personnes, soit au transport des marchandises, dans les cours dépendant des gares de chemins de fer.

Les arrêtés ainsi pris par les Préfets ne sont exécutoires qu'en vertu de l'approbation du Ministre des Travaux publics et des Transports.

#### ART. 7

*(applicable seulement aux sections de voies ferrées d'intérêt local établies sur les voies publiques).*

La Compagnie n'est admise à réclamer aucune indemnité :

Ni à raison des dommages que le roulage ordinaire pourrait occasionner aux ouvrages de la voie ferrée;

Ni à raison de l'état de la chaussée et des conséquences qui pourraient en résulter pour l'État et pour l'entretien de la voie;

Ni, enfin, pour une cause quelconque résultant de l'usage normal et des nécessités de l'entretien et de l'aménagement de la voie publique.

Les indemnités dues à des tiers, pour les dommages qui résulteraient de la construction ou de l'exploitation de la voie ferrée, sont entièrement à la charge de la compagnie.

ART. 8.

*(applicable seulement aux sections des voies ferrées d'intérêt local,
établies sur les voies publiques).*

Lorsque des travaux exécutés sur une voie publique empruntée par une
voie ferrée d'intérêt local doivent interrompre momentanément la circulation sur celle-ci l'autorité de qui relève la voie empruntée doit en aviser
préalablement l'autorité concédante et la compagnie.

L'autorité concédante peut mettre la compagnie en demeure de maintenir
provisoirement les communications en déplaçant momentanément ses voies,
après accomplissement des formalités légales, s'il y a lieu et moyennant une
indemnité qui lui est due à moins de convention contraire.

Si les travaux d'où résulterait l'interruption sont exécutés dans l'intérêt de
la circulation sur la voie empruntée, la mise en demeure est prononcée et
l'indemnité est due par l'autorité ayant concédé la voie ferrée.

Si les travaux sont exécutés dans un intérêt autre que celui de la circulation sur la voie empruntée, la mise en demeure ne peut être adressée à la
compagnie par l'autorité concédante qu'à la suite d'un accord établi entre
celle-ci et le service dans l'intérêt duquel les travaux sont exécutés; cet
accord doit porter tant sur la nécessité du rétablissement provisoire des
communications par voie ferrée que sur l'importance relative de la partici-
pation des divers services intéressés au payement de l'indemnité. A défaut
d'accord, le rétablissement provisoire ne peut être prescrit qu'en vertu
d'une autorisation qui est donnée par le Ministre à l'autorité concédante et
qui fixe la part que cette autorité doit prendre à sa charge dans les indemnités dont le montant serait ultérieurement déterminé et dont le surplus
resterait à la charge des services intéressés aux travaux.

ART. 9

*(applicable seulement aux sections des voies ferrées d'intérêt local
établies sur les voies publiques).*

La modification ou la suppression définitive d'une partie des voies ferrées
établies sur une voie publique peut être prononcée, à la requête de l'autorité
chargée de l'administration de la voie, dans les formes prescrites par le para-

graphe 4 de l'article 36 de la loi du 31 juillet 1913, et sous réserve de la détermination, dans les formes prévues par l'article 38 de ladite loi, des indemnités dues par cette autorité, à moins de convention contraire, soit à la compagnie, soit à l'autorité concédante, suivant les cas.

Ne peut donner lieu à aucune indemnité, en dehors des cas prévus à l'article 8 ci-dessus, le déplacement définitif des voies ferrées, exécuté aux frais du service chargé de l'administration de la voie publique, comme conséquence nécessaire de travaux exécutés pour l'entretien ou l'amélioration de cette voie.

### ART. 10.

Si l'établissement de contre-rails est jugé nécessaire dans l'intérêt de la sûreté publique, la compagnie est tenue d'en placer sur les points qui sont désignés par le Ministre des Travaux publics et des Transports.

### ART. 11

*(applicable seulement aux sections des voies ferrées d'intérêt local établies sur les voies publiques).*

L'autorité concédante détermine les sections de la ligne où la voie doit être établie au niveau de la chaussée, avec rails noyés, en restant accessible et praticable pour les voitures ordinaires, et celles où elle doit être placée sur un accotement praticable pour les piétons, mais interdit aux voitures ordinaires.

Le cahier des charges détermine les largeurs qui doivent être réservées pour la libre circulation sur la voie publique, de telle façon que le croisement de deux voitures soit toujours assuré, l'une de ces deux voitures pouvant être le véhicule de la voie ferrée dans le premier des deux cas spécifiés au paragraphe précédent.

Les dispositions prescrites doivent d'ailleurs assurer, dans tous les cas, la sécurité des piétons qui circulent sur la voie publique et celle des riverains occupant les bâtiments en façade sur cette voie.

Si l'emplacement occupé par la voie ferrée reste accessible et praticable pour les voitures ordinaires, les rails doivent être à gorge ou accompagnés de contre-rails; la largeur des vides ou ornières ne peut excéder trente-cinq millimètres (0 m. 035) dans les parties droites et quarante-et-un millimètres (o m. o4 r) dans les parties courbes. Les voies ferrées sont posées au niveau de la chaussée, sans saillie ni dépression sur le profil normal de celle-ci.

Toutefois, l'autorité concédante, d'accord avec celle de qui relève la voie empruntée, et quand les nécessités de la circulation n'y font pas obstacle, peut dispenser la compagnie, à titre révocable, de poser des rails à gorge ou des contre-rails sur tout ou partie des voies publiques dont le sol est emprunté par la voie ferrée.

## ART. 12.

Le chemin de fer et les ouvrages qui en dépendent sont constamment entretenus en bon état. La compagnie doit faire connaître au Ministre des Travaux publics et des Transports, dans la forme que celui-ci juge convenable, les mesures qu'elle a prises pour cet entretien.

Les voies et autres installations des gares doivent être convenablement disposées pour la sûreté des manœuvres et de la circulation des trains.

Dans le cas où les mesures prises sont insuffisantes pour assurer le bon entretien du chemin de fer, la sûreté de la circulation et la sécurité publique, le Ministre, après avoir entendu la compagnie, prescrit celles qu'il juge nécessaires.

Dans le cas où, par suite de l'insuffisance des installations, le service ne serait pas régulièrement assuré, il serait procédé conformément aux dispositions de l'article 86 ou de l'article 87, suivant les cas.

## ART. 13.

*(Applicable seulement aux sections des voies ferrées d'intérêt local
établies sur les voies publiques.)*

Sur les sections à rails noyés où l'emplacement de la voie ferrée est accessible aux voitures ordinaires, l'entretien du pavage ou de l'empierrement de la surface affectée à la circulation sur la voie ferrée est réglé, pour chaque concession, par le cahier des charges, qui indique le service chargé d'exécuter cet entretien ainsi que la répartition des dépenses. Sur les voies empruntées ne relevant pas de l'autorité concédante, l'entretien est assuré par la compagnie dans l'entre-rails, ainsi que dans une zone de cinquante centimètres (o m. 5o) de chaque côté des rails, à moins qu'il n'en ait été décidé autrement dans le cahier des charges, après accord avec l'autorité de qui relèvent ces voies.

Sur les sections où l'emplacement de la voie ferrée n'est pas accessible aux voitures ordinaires, l'entretien qui est à la charge de la compagnie comprend la surface entière occupée par les voies, augmentée, s'il y a lieu, d'une zone déterminée par le cahier des charges.

Si la voie ferrée et les parties de la voie publique dont l'entretien est confié à la compagnie ne sont pas constamment entretenues en bon état, il y est pourvu d'office à la diligence du Préfet et aux frais de la compagnie, sans préjudice, s'il y a lieu, de la mise en déchéance.

Le montant des avances faites est recouvré au moyen d'états que le Préfet rend exécutoires.

## ART. 14.

### (*Non applicable aux tramways urbains.*)

Il est placé, partout où besoin sera, des agents en nombre suffisant pour assurer la surveillance et la manœuvre des signaux, aiguilles et autres appareils de la voie.

En cas d'insuffisance, le nombre de ces agents est fixé, la compagnie entendue, par le Ministre des Travaux publics et des Transports, qui peut prescrire que ceux de ces agents dont le service intéressant la sécurité aurait une importance particulière ne soient employés à aucun autre travail.

## ART. 15.

Partout où un chemin de fer d'intérêt général est traversé à niveau par une voie de terre, il est établi des barrières, sauf les exceptions autorisées par le Ministre des Travaux publics et des Transports, conformément aux lois.

Le mode, la garde et les conditions de service des barrières sont réglés par le Ministre, sur la proposition de la compagnie.

Il en est de même lorsque la pose de barrières aux passages à niveau établis sur une voie ferrée d'intérêt local est prescrite, la compagnie entendue, par application du deuxième paragraphe de l'article 43 de la loi du 31 juillet 1913.

Lorsque le Ministre autorise la traversée à niveau de deux voies ferrées, il arrête, après avoir entendu les deux compagnies, les dispositions techniques à prendre pour l'établissement et l'exploitation de ces voies dans la traversée. Il prescrit de même toutes les mesures nécessaires pour assurer la sécurité aux points de bifurcation.

Lorsqu'une voie ferrée est établie sur une voie publique, la compagnie est tenue de prendre à ses frais, partout où la nécessité en a été reconnue par le Ministre, après avis du service du contrôle et eu égard au mode d'exploitation employé, les mesures nécessaires pour assurer la liberté et la sécurité du passage des voitures et des trains sur la voie ferrée, ainsi que celle de la circulation ordinaire sur toute voie publique suivie ou traversée par cette voie ferrée.

ART. 16.

*(Non applicable aux tramways urbains.)*

Les gares et leurs abords sont éclairés la nuit pendant la durée du service.

Le Ministre des Travaux publics et des Transports fixe, la compagnie entendue, les conditions dans lesquelles les passages à niveau et les tunnels, s'il y a lieu, doivent être éclairés.

ART. 17.

*(Applicable seulement aux tramways urbains.)*

Les gares, stations, haltes et bureaux d'attente auxquels est attaché un personnel permanent sont éclairés la nuit pendant la durée du service.

Le Préfet, statuant sur le rapport du service du contrôle, la compagnie entendue, peut prescrire l'éclairage, pendant la même durée, des abris et bureaux d'attente auxquels n'est attaché aucun personnel permanent, lorsque des circonstances spéciales l'exigent.

## TITRE III.

### DU MATÉRIEL EMPLOYÉ À L'EXPLOITATION.

ART. 18.

Les locomotives, les tenders et les véhicules de toute espèce entrant dans la composition des trains doivent être construits, après autorisation du

Ministre des Travaux publics et des Transports, suivant les meilleurs modèles, avec des matériaux de première qualité. La compagnie doit produire, à l'appui de sa demande en autorisation, les plans, dessins et tous les documents indiqués par le Ministre.

Le Ministre détermine les conditions auxquelles le matériel n'appartenant pas à la compagnie exploitante peut être admis à circuler sur le réseau de cette compagnie.

### ART. 19.

Les locomotives, tenders ou véhicules de toute espèce entrant dans la composition des trains doivent remplir les conditions que le Ministre juge nécessaires pour assurer la sécurité des voyageurs et des agents pendant la circulation des trains et pendant leur formation.

### ART. 20.

Il est tenu des états de service pour toutes les locomotives. Ces états sont inscrits sur des registres qui doivent être constamment à jour et indiquer, pour chaque machine, la date de sa mise en service, le travail qu'elle a accompli, les réparations ou modifications qu'elle a reçues et le renouvellement de ses diverses pièces.

Il est tenu, en outre, pour les essieux de locomotives et tenders, des registres spéciaux sur lesquels, à côté du numéro d'ordre de chaque essieu, sont inscrits sa provenance, la date de sa mise en service, l'épreuve qu'il peut avoir subie, son travail, ses accidents et ses réparations.

Les registres mentionnés aux deux paragraphes ci-dessus sont présentés, à toute réquisition, aux ingénieurs et agents chargés de la surveillance du matériel et de l'exploitation.

Les essieux des véhicules de toute espèce portent une marque au poinçon faisant connaître la provenance et la date de la fourniture.

### ART. 21.

Les locomotives ne peuvent être mises en service qu'en vertu de l'autorisation délivrée par le service du contrôle et après avoir été soumises à toutes les épreuves prescrites par les règlements en vigueur.

### ART. 22.

Les locomotives doivent être pourvues, sauf exception autorisée par le Ministre des Travaux publics et des Transports, d'appareils ayant pour objet d'arrêter les fragments de combustible tombant de la grille et d'empêcher la sortie des flammèches par la cheminée, ainsi que de diminuer la production de fumées incommodes pour les voyageurs ou pour le voisinage.

### ART. 23.

Les voitures destinées au transport des voyageurs doivent être commodes et présenter les dispositions que le Ministre juge nécessaires pour assurer la sécurité des voyageurs.

Le Ministre détermine, la compagnie entendue, les dimensions minima de la place affectée à chaque voyageur.

Toute voiture porte, à l'intérieur, l'indication, en chiffres apparents, du nombre des places pour voyageurs debout et pour voyageurs assis.

Les accès des voitures autres que les remorques ouvertes sont pourvus de dispositifs de fermeture dont la manœuvre doit toujours être simple.

Il est tenu, pour les réservoirs à gaz ou à vapeur sous pression installés sur les voitures en vue de la production de la force motrice, des registres spéciaux sur lesquels sont inscrits, à côté du numéro d'ordre de chaque voiture, la provenance de chaque réservoir, la date de sa mise en service, les épreuves initiales et les essais ultérieurs qu'il a subis, ses accidents et ses réparations. Ces registres sont présentés, à toute réquisition, aux agents du contrôle.

### ART. 24.

Aucune voiture pour les voyageurs ne peut être mise en service sans une autorisation délivrée par le service du contrôle, après qu'il a été constaté que la voiture satisfait aux conditions de l'article précédent.

L'autorisation de mise en service n'a d'effet qu'après que l'estampille prescrite pour les voitures publiques par l'article 117 de la loi du 25 mars 1817 a été délivrée par le Directeur des Contributions indirectes.

### ART. 25.

Les locomotives, les tenders et les véhicules de toute espèce doivent porter.

1° La désignation, en toutes lettres ou par initiales, du chemin de fer auquel ils appartiennent;

2° Un numéro d'ordre.

Les voitures de voyageurs portent, en outre, l'indication de la classe de chaque compartiment et l'estampille délivrée par l'Administration des contributions indirectes. Ces diverses indications sont placées d'une manière apparente sur la caisse ou sur les côtés du chassis.

### ART. 26.

Les locomotives, tenders et véhicules de toute espèce et tout le matériel d'exploitation sont constamment maintenus dans un bon état d'entretien.

La compagnie doit faire connaître au Ministre des Travaux publics et des Transports, dans la forme que celui-ci juge convenable, les mesures adoptées par elle à cet égard; en cas d'insuffisance, le Ministre, après avoir entendu les observations de la compagnie, prescrit les dispositions qu'il juge nécessaires au point de vue de la sécurité ou de l'hygiène publique.

Le Ministre, la compagnie entendue, peut faire retirer de la circulation les locomotives, tenders et autres véhicules qui ne se trouveraient pas dans les conditions suffisantes pour assurer la sécurité de l'exploitation, ou exclure d'un train déterminé les véhicules qui, pour une cause quelconque, n'offriraient pas les garanties voulues pour la sûreté de l'exploitation.

# TITRE IV.

## DE LA COMPOSITION DES TRAINS.

### ART. 27.

*( Non applicable aux tramways urbains.)*

Tout train ordinaire de voyageurs doit contenir, en nombre suffisant, des voitures de chaque classe, à moins d'une autorisation spéciale du Ministre des Travaux publics et des Transports.

### ART. 28.

En dehors des cas prévus à l'article 29 ci-après, chaque train de voyageurs, de marchandises ou mixte doit être accompagné :

1° D'un mécanicien et d'un chauffeur par machine; le chauffeur doit être capable d'arrêter la machine, de l'alimenter et de manœuvrer les freins;

2° Du nombre de conducteurs et de gardes-freins qui est déterminé, suivant le nombre de véhicules, suivant les pentes et suivant les appareils d'arrêt ou de ralentissement, par le Ministre des Travaux publics et des Transports, sur la proposition de la compagnie.

Sur le dernier véhicule de chaque train ou sur l'un des véhicules placés à l'arrière, il y a toujours un frein et un conducteur chargé de le manœuvrer.

Lorsqu'il y a plusieurs conducteurs dans un train, l'un d'entre eux doit toujours avoir autorité sur les autres.

Le maximum du nombre de véhicules pour chaque nature de trains transportant des voyageurs est déterminé par le Ministre, sur la proposition de la compagnie.

### ART. 29.

Par dérogation à l'article précédent, l'obligation d'avoir sur la machine un mécanicien et un chauffeur n'est pas applicable aux trains légers dont la mise en marche est autorisée par le Ministre, sous la réserve que le conducteur-chef du train se tienne habituellement soit sur la machine, soit dans le premier véhicule du train, qu'il puisse dans tous les cas accéder facilement à la machine et qu'il soit en état de l'arrêter en cas de besoin.

En outre, lorsque les véhicules à voyageurs et à marchandises dont se compose un train léger sont tous munis d'un frein continu, le Ministre peut autoriser la suppression de l'obligation d'avoir, sur le dernier véhicule ou sur l'un des derniers véhicules, un conducteur spécial chargé de la manœuvre du frein.

Ne peuvent être considérés comme trains légers que ceux dont les véhicules sont portés sur seize essieux au plus, non compris les essieux de la locomotive, s'il y en a une, et de son tender, mais y compris les essieux de la voiture motrice, si l'appareil moteur est contenu dans un des véhicules portant des voyageurs ou des marchandises.

Sont considérés comme trains légers, tous les trains de tramways urbains auxquels ne s'applique pas l'interdiction résultant du paragraphe précédent.

### ART. 30.

Les locomotives doivent être en tête des trains. Il ne peut être dérogé à cette disposition que pour les manœuvres à exécuter dans les gares ou dans leur voisinage, pour les trains de service, et pour les cas de secours ou de renfort. Dans ces cas spéciaux, la vitesse ne doit pas dépasser les limites fixées par le Ministre des Travaux publics et des Transports.

### ART. 31.

Les trains de voyageurs ne doivent être remorqués que par une seule locomotive, sauf les cas où l'emploi d'une machine de renfort deviendrait nécessaire, soit pour la montée d'une rampe de forte inclinaison, soit par suite d'une affluence extraordinaire de voyageurs, de l'état de l'atmosphère, d'un accident ou d'un retard exigeant l'emploi de secours, ou de tout autre cas préalablement déterminé par le Ministre.

Dans tous les cas autres que les cas de secours, il est interdit d'atteler simultanément plus de deux locomotives à un train de voyageurs.

La machine placée en tête doit régler la marche du train.

Dans tous les cas où il est attelé plus d'une locomotive à un train, mention en est faite sur un registre à ce destiné, avec indication du motif de la mesure, de la gare où elle a été jugée nécessaire et de l'heure à laquelle le train a quitté cette gare. Ce registre est présenté, à toute réquisition, aux fonctionnaires et agents du contrôle.

Il doit toujours y avoir en tête de chaque train, entre le tender et la première voiture de voyageurs, au moins un véhicule ne portant pas de voyageurs ; cette obligation ne s'applique ni aux trains légers, ni aux trains de secours, ni aux trains de composition spéciale qui en ont été dispensés par le Ministre, ni aux trains des tramways urbains.

### ART. 32.

Les dispositions de l'article précédent ne s'appliquent pas aux trains comportant des voitures automotrices. La composition de ces trains est approuvée par le Ministre, sur la proposition de la compagnie et l'avis du service du contrôle.

### ART. 33.

Le Ministre des Travaux publics et des Transports, la compagnie entendue, arrête les règles à suivre pour le transport des matières dangereuses (explosibles, inflammables, vénéneuses, etc.) et des matières infectes; il détermine notamment les cas dans lesquels le transport de ces marchandises dans un train de voyageurs est interdit.

### ART. 34.

Le Ministre détermine, la compagnie entendue, les précautions à prendre dans la formation des trains pour éviter, soit au départ ou à l'arrivée, soit pendant la marche, toute réaction dangereuse ou incommode entre les divers véhicules.

### ART. 35.

*( Non applicable aux tramways urbains. )*

Le conducteur de tête et, sauf les exceptions autorisées par le Ministre, les gardes-freins sont mis en communication avec le mécanicien pour donner, en cas d'accident, le signal d'alarme par tel moyen qui est autorisé par le Ministre, sur la proposition de la compagnie.

Sauf les exceptions autorisées par le Ministre, les compartiments des voitures à voyageurs sont tous mis en communication avec le mécanicien ou le conducteur chef de train par un signal d'alarme en bon état de fonctionnement.

### ART. 36.

*( Applicable seulement aux tramways urbains. )*

Le receveur ou employé de service sur chaque voiture doit se trouver en communication avec le mécanicien de chaque véhicule automoteur au moyen d'un signal d'arrêt approuvé par le Préfet, sur la proposition de la compagnie et l'avis du service du contrôle.

A défaut de receveur ou d'employé dans la voiture, un signal d'arrêt doit être à la disposition des voyageurs.

### ART. 37.

*(Non applicable aux tramways urbains.)*

Pendant la nuit et, pendant le jour au passage des souterrains désignés par le Ministre des Travaux publics et des Transports, les fanaux des trains doivent être allumés et les voitures destinées aux voyageurs doivent être éclairées intérieurement.

Ces voitures doivent être chauffées pendant la saison froide dans les conditions approuvées par le Ministre.

En cas d'insuffisance des mesures adoptées par la compagnie en ce qui concerne l'éclairage ou le chauffage des trains et voitures, le Ministre prescrit, la compagnie entendue, les dispositions qu'il juge nécessaires.

Tout train transportant des voyageurs est muni, sauf exception autorisée par le Ministre, d'une boîte de secours dont la composition est approuvée par le Ministre.

### ART. 38.

*(Applicable seulement aux tramways urbains.)*

Les voitures destinées aux voyageurs doivent être éclairées intérieurement; l'étage supérieur doit l'être également, lorsqu'il est couvert et abrité, si le Préfet le requiert.

Ces voitures doivent être chauffées, si le Préfet le requiert, pendant la période fixée par lui, sur la proposition du service du contrôle, la compagnie entendue, sauf stipulation contraire du cahier des charges.

## TITRE V.

### DU DÉPART, DE LA CIRCULATION ET DE L'ARRIVÉE DES TRAINS.

### ART. 39.

*(Non applicable aux tramways urbains)*

Le Ministre des Travaux publics et des Transports détermine, sur la proposition de la compagnie, pour les lignes à plusieurs voies, celles de ces voies qui sont affectées à la circulation de chaque sens, et, pour les lignes à une voie, les points de croisement.

Il ne peut être dérogé sous aucun prétexte aux dispositions qui ont été prescrites par le Ministre, si ce n'est dans le cas où la voie est interceptée et, dans ce cas, le changement doit être fait avec les précautions spéciales qui sont indiquées par les règlements de la compagnie dûment homologués.

### ART. 40.

*(Non applicable aux tramways urbains.)*

Avant le départ du train, le mécanicien s'assure si toutes les parties de la locomotive et du tender sont en bon état.

En ce qui concerne les voitures et leurs freins la même vérification est faite dans les conditions déterminées par le règlement homologué de la compagnie.

Le train ne doit être mis en marche qu'après le signal du départ.

Les portières extérieures ouvertes du côté où se fait le service du train doivent être fermées au moment de la mise en marche.

### ART. 41.

*(Applicable seulement aux tramways urbains.)*

Au commencement de chaque reprise du service, le mécanicien doit s'assurer du bon fonctionnement des divers organes de la machine, notamment du mécanisme de mise en marche et des freins.

Le train ne doit être mis en marche qu'après le signal de départ.

Le Préfet, statuant sur la proposition du service du contrôle, la compagnie entendue, détermine, s'il y a lieu, les conditions dans lesquelles les portières extérieures doivent être fermées et les chaînes de fermeture attachées au moment de la mise en marche.

### ART. 42.

*(Non applicable aux tramways urbains.)*

Aucun train ne peut partir d'une gare ni y arriver avant l'heure déterminée par l'horaire de la marche des trains.

Toutefois, pour l'arrivée, une tolérance peut être accordée par le Ministre.

Les mesures propres à maintenir, entre les trains qui se suivent, l'intervalle de temps ou d'espace nécessaire pour assurer la sécurité de la circulation sont déterminées par le Ministre, la compagnie entendue.

Des signaux sont placés à l'entrée des gares, dans les gares et sur la voie, partout où cela est jugé utile pour faire connaître aux mécaniciens s'ils doivent arrêter ou ralentir leur marche.

En cas d'insuffisance des signaux établis par la compagnie, le Ministre prescrit, la compagnie entendue, l'établissement de ceux qu'il jugera nécessaires.

ART. 43.

(*Non applicable aux tramways urbains.*)

Sauf le cas de force majeure ou de réparation de la voie, les trains ne peuvent s'arrêter qu'aux gares ou aux lieux de stationnement autorisés.

Les voies affectées à la circulation des trains doivent être couvertes par des signaux, ainsi qu'il est dit à l'article 49 ci-après, dans les cas où il y a nécessité absolue d'y faire stationner momentanément des machines, des voitures ou des wagons.

ART. 44.

(*Applicable seulement aux sections des voies ferrées d'intérêt local
établies sur les voies publiques.*)

Le Préfet peut autoriser, sur la demande de la compagnie et sur la proposition du service du contrôle, l'arrêt de certains trains pour prendre ou laisser des voyageurs ou des marchandises sur des points de la voie ferrée situés en dehors des gares, stations ou haltes. La durée de l'arrêt est fixée par l'horaire.

Le Préfet détermine les dispositions à prendre pour faire connaître au public les points où des arrêts en pleine voie sont ainsi autorisés.

L'autorisation ne peut être donnée qu'à titre précaire et révocable, si ce service n'est pas prévu par le cahier des charges.

Sauf dans le cas prévu ci-dessus, les trains et les machines ne peuvent stationner en dehors des gares que pendant le délai strictement nécessaire pour les besoins du service. Les machines ou les voitures isolées ne peuvent être garées sur les voies affectées à la circulation des trains.

## ART. 45.

*(Non applicable aux tramways urbains.)*

Le Ministre des Travaux publics et des Transports détermine, sur la proposition de la compagnie, les mesures spéciales de précaution relatives à la circulation des trains sur les parties du chemin de fer qui offriraient un danger particulier.

Il détermine également, sur la proposition de la compagnie, la vitesse maximum que les trains de toute nature peuvent prendre sur les diverses parties de chaque ligne.

## ART. 46.

*(Applicable seulement aux sections des voies ferrées d'intérêt local établies sur les voies publiques.)*

Le maximum de la longueur des trains est fixé par le cahier des charges.

La machine et le tender doivent être munis d'un frein pouvant être manœuvré à la main. L'ensemble de leurs moyens de freinage doit être assez puissant pour que, lancés à une vitesse de vingt kilomètres (20 kilom.) à l'heure sur des rails secs et propres et sur une voie en palier, ces véhicules puissent être arrêtés sur un espace de vingt mètres (20 m.) au plus, à partir du moment où le serrage a été ordonné.

Une sablière ou tout autre dispositif agréé par le Préfet, sur la proposition de la compagnie et l'avis du service du contrôle, pour augmenter en cas de besoin l'adhérence des roues motrices sur les rails, doit être à la disposition du mécanicien et constamment entretenu en bon état de fonctionnement.

L'ensemble des moyens de freinage de chaque train doit être assez puissant pour permettre l'arrêt dans les conditions prescrites pour les machines isolées au 2° paragraphe du présent article.

Le Préfet, après avis du service du contrôle et la compagnie entendue, peut imposer les conditions spéciales de freinage qui sont reconnues nécessaires, dans l'intérêt de la sécurité, soit pour les trains de voyageurs, soit pour les trains de marchandises. Il peut notamment prescrire l'emploi de freins continus ou automatiques.

Sur les tramways urbains, chaque voiture sans exception est munie de freins.

### ART. 47.

*(Non applicable aux tramways urbains.)*

Le Ministre des Travaux publics et des Transports prescrit, sur la proposition de la compagnie, les mesures spéciales de précaution à prendre pour l'expédition et la marche des trains extraordinaires.

Dès que l'expédition d'un train extraordinaire a été décidée, déclaration doit être faite immédiatement aux agents du contrôle et aux fonctionnaires désignés par le Ministre, avec indication du motif de l'expédition du train et de son horaire.

### ART. 48.

*(Non applicable aux tramways urbains.)*

Des agents chargés de l'entretien et de la surveillance de la voie sont placés sur la ligne en nombre suffisant pour assurer la libre circulation des trains.

Ces agents sont pourvus, le jour et la nuit, de signaux d'arrêt et de ralentissement.

Des agents sont en outre placés à des endroits déterminés pour la manœuvre des signaux fixes et, s'il y a lieu, pour l'annonce des trains de proche en proche.

En cas d'insuffisance, le Ministre des Travaux publics et des Transports règle le nombre des agents de ces diverses catégories, la compagnie entendue.

### ART. 49.

*(Non applicable aux tramways urbains.)*

Dans le cas où soit un train, soit une machine isolée s'arrête accidentellement sur la voie, des signaux de protection sont faits dans les conditions déterminées par les règlements de la compagnie dûment homologués.

Les mécaniciens, les conducteurs-chefs et les conducteurs doivent être munis, pendant leur service, des signaux indiqués par ces règlements.

Des précautions spéciales sont prises pour garantir la sécurité des trains, dans le cas où il deviendrait impossible de maintenir leur vitesse normale.

### ART. 50.

*(Applicable seulement aux sections des voies ferrées d'intérêt local établies sur les voies publiques.)*

Toute voiture isolée ou tout train porte extérieurement deux fanaux à réflecteurs, l'un à l'avant, l'autre à l'arrière; celui d'avant est à feu blanc et assez puissant pour éclairer une zone de 20 mètres dans des conditions atmosphériques ordinaires; celui d'arrière est à feu rouge.

Les fanaux doivent être allumés depuis la chute du jour jusqu'à la cessation du service et depuis la reprise du service jusqu'au lever du jour.

Ils doivent être également allumés pendant le jour en cas de brouillard, et, d'une manière générale, dans toutes les circonstances où la voiture ne serait pas suffisamment visible.

### ART. 51.

Lorsque les travaux de réparation effectués sur une voie sont de nature à en altérer momentanément la stabilité, ils doivent être protégés par des signaux d'arrêt ou de ralentissement.

### ART. 52.

*(Non applicable aux tramways urbains.)*

Lorsque, par suite d'un accident, de réparation ou de toute autre cause, la circulation doit s'effectuer momentanément sur une seule voie, il doit être placé un garde auprès des aiguilles de chacun des changements de voie extrêmes.

Les gardes ne laissent les trains s'engager dans la voie unique réservée à la circulation que dans les conditions prescrites par les règlements homologués, ou les ordres de service de la compagnie.

Il est donné connaissance au service du contrôle des mesures prises pour assurer la circulation sur la voie unique.

### ART. 53.

*( Non applicable aux tramways urbains.)*

La compagnie est tenue de faire connaître au Ministre des Travaux publics et des Transports le système de signaux qu'elle a adopté ou qu'elle se propose d'adopter, pour les cas prévus par le présent titre. Le Ministre prescrit les modifications qu'il juge nécessaires.

### ART. 54.

Le mécanicien doit porter constamment son attention sur l'état de la voie, arrêter ou ralentir la marche en cas d'obstacles, suivant les circonstances, se conformer aux signaux qui lui sont transmis et signaler au premier arrêt les anomalies qu'il a remarquées; il surveille toutes les parties de la machine, la tension de la vapeur et le niveau d'eau de la chaudière. Il veille à ce que rien n'embarrasse la manœuvre des freins dont il a la disposition.

Lorsqu'une machine ou un train circule sur une voie ferrée empruntant une voie publique, le mécanicien signale l'approche du train au moyen d'un appareil sonore, du type déterminé par le Ministre des Travaux publics et des Transports.

Les machines circulant sur les voies ferrées occupant des voies publiques ne doivent répandre sur celles-ci ni escarbilles, ni cendres, ni eau, ni huile, ni graisse.

Il est expressément interdit d'effectuer le nettoyage des grilles sur la voie publique.

### ART. 55.

*( Non applicable aux tramways urbains.)*

Les mesures de précaution à observer par le mécanicien aux approches et au passage des bifurcations, embranchements ou traversées de voies sont fixées par des règlements approuvés par le Ministre.

Aux points de bifurcation, des signaux doivent indiquer le sens dans lequel les aiguilles sont placées.

A l'approche des gares où le train doit s'arrêter, le mécanicien prend les dispositions convenables pour qu'il ne dépasse pas le point où les voyageurs doivent descendre.

## ART. 56.

*( Non applicable aux tramways urbains.)*

Avant la mise en marche, à l'approche des gares, des passages à niveau en courbe, ainsi que des autres passages à niveau et bifurcations désignés par le Ministre des Travaux publics et des Transports, à l'entrée et à la sortie des tranchées en courbe et des souterrains, le mécanicien doit faire jouer le sifflet pour avertir de l'approche du train.

Il se sert également du sifflet comme moyen d'avertissement, toutes les fois que la voie ne lui paraît pas complètement libre.

Le sifflet peut être remplacé par un autre signal acoustique approuvé par le Ministre.

## ART. 57.

Aucune personne autre que le mécanicien et le chauffeur ne peut monter sur la locomotive ou sur le tender, à moins d'une permission spéciale et écrite du directeur du chemin de fer ou de son délégué.

Sont exceptés de cette interdiction les ingénieurs des ponts et chaussées et les ingénieurs des mines chargés du contrôle et les agents du contrôle technique. Les commissaires du contrôle de l'État peuvent également monter sur la locomotive ou le tender, en remettant au chef de la gare ou au conducteur principal du train une réquisition écrite et motivée.

Les dispositions ci-dessus ne sont applicables qu'à la plate-forme occupée par le mécanicien, pour les voitures motrices à vapeur portant des voyageurs ou des marchandises.

Des arrêtés ministériels rendus, la compagnie entendue, déterminent les conditions dans lesquelles ces dispositions sont applicables aux voitures automotrices autres que les voitures à vapeur.

## ART. 58.

Sur des points qui sont désignés par le Ministre des Travaux publics et des Transports, la compagnie entendue, des machines de secours ou de réserve doivent être constamment entretenues prêtes à partir et en feu, si la traction est effectuée par des machines à vapeur.

Les règles relatives au service de ces machines sont déterminées par le Ministre, sur la proposition de la compagnie.


### ART. 59.

Il y a constamment, aux lieux de dépôt des machines, un wagon chargé de tous les agrès et outils nécessaires en cas d'accident.

Chaque train doit, d'ailleurs, être muni des outils les plus indispensables.


### ART. 60.

Aux gares qui sont désignées par le Ministre des Travaux publics et des Transports, il est tenu des registres sur lesquels on mentionne les retards de trains excédant des limites déterminées par le Ministre. Ces registres indiquent la nature et la composition des trains, les points extrêmes de leur parcours, le numéro des locomotives qui les ont remorqués, les heures de départ et d'arrivée, les causes et la durée du retard.

Ces registres sont représentés, à toute réquisition, aux agents du contrôle.

La compagnie est tenue de prendre les mesures nécessaires pour que tout retard excédant les limites déterminées par le Ministre soit, aussitôt que possible porté à la connaissance du public dans les gares et stations pourvues d'un personnel permanent.

Les dispositions qui précèdent ne sont appliquées sur les voies ferrées d'intérêt local que dans la mesure où les conditions d'établissement et d'exploitation le permettent et où cette application aura été prescrite par le Préfet, la compagnie entendue. Elles peuvent n'être appliquées que dans les cas d'interruption momentanée du service.


### ART. 61.

Les horaires fixant la marche des trains ordinaires de toute nature sont soumis par la compagnie à l'approbation du Ministre des Travaux publics et des Transports; à cet effet, avant leur mise en vigueur et dans les délais prescrits par le Ministre, la compagnie les lui communique, ainsi qu'aux fonctionnaires désignés par lui et au service du contrôle.

Si, à la date annoncée pour la mise en vigueur de nouveaux horaires, le Ministre n'a pas notifié à la compagnie son opposition, ces horaires peuvent être appliqués à titre provisoire.

A toute époque, le Ministre peut prescrire d'apporter aux horaires des trains les modifications ou additions qu'il juge nécessaires pour la sûreté de la circulation ou pour les besoins du public.

Les horaires des trains transportant des voyageurs sont portés à la connaissance du public, avant leur mise en vigueur, par des affiches placées dans les gares, dans les conditions fixées par le Ministre.

Ces affiches doivent mentionner ceux des trains contenant des voitures de toutes classes pour lesquelles la compagnie est dispensée de faire le service des messageries.

### ART. 62.

#### (Applicable seulement aux tramways urbains.)

Le cahier des charges des tramways urbains indique si les voitures doivent s'arrêter en pleine voie pour prendre et laisser des voyageurs, soit sur tous les points du parcours, soit en des points à déterminer par le Préfet sur la proposition de la compagnie et l'avis du service du contrôle.

Les affiches prévues au dernier alinéa de l'article 61 ci-dessus ou les livrets qui en tiennent lieu font connaître cette circonstance au public, sans indiquer les heures du passage aux arrêts en pleine voie.

Pour les trains qui se suivraient normalement, à intervalles réguliers de quinze minutes au plus, les heures du premier et du dernier départ et la durée de l'intervalle entre les trains sont seuls indiqués sur ces affiches ou livrets.

Des extraits des dispositions relatives aux horaires et aux arrêts sont affichés dans les voitures, s'il y a lieu, conformément aux prescriptions édictées par le Préfet, sur la proposition du service du contrôle et la compagnie entendue.

Le Préfet peut, sur la proposition du service du contrôle et la compagnie entendue, fixer le maximum de la vitesse des trains sur les diverses sections de la ligne, dans les limites prévues par le cahier des charges.

# TITRE VI.

## DE LA PERCEPTION DES TAXES ET DES FRAIS ACCESSOIRES.

### ART. 63.

Aucune taxe, de quelque nature qu'elle soit, ne peut être perçue par la compagnie qu'en vertu d'une homologation du Ministre des Travaux publics et des Transports.

### ART. 64.

Pour l'exécution de l'article qui précède, la compagnie doit dresser un tableau des prix qu'elle a l'intention de percevoir, dans la limite du maximum autorisé par le cahier des charges, pour le transport des voyageurs, des bestiaux, marchandises et objets divers, et en transmettre en même temps des expéditions au Ministre, aux Préfets des départements traversés par le chemin de fer et au service du contrôle.

### ART. 65.

La compagnie doit, en outre, dans le plus court délai et dans les formes énoncées en l'article précédent, soumettre ses propositions au Ministre pour les prix de transport non déterminés par le cahier des charges et à l'égard desquels le Ministre est appelé à statuer.

### ART. 66.

Quant aux frais accessoires, tels que ceux de chargement, de déchargement et d'entrepôt dans les gares et magasins du chemin de fer, et quant à toutes les taxes qui doivent être réglées annuellement, la compagnie en soumet le règlement à l'approbation du Ministre des Travaux publics et des Transports dans le dixième mois de chaque année.

Jusqu'à décision, les anciens tarifs continuent à être perçus.

ART. 67.

Les tableaux des taxes et des frais accessoires approuvés sont constamment affichés dans les lieux les plus apparents des gares et stations des chemins de fer.

ART. 68.

Lorsque la compagnie veut apporter quelques changements aux prix autorisés, elle en donne l'avis au Ministre des Travaux publics et des Transports, aux préfets des départements traversés et au service du contrôle.

Le public est en même temps informé, par des affiches, des changements soumis à l'approbation du Ministre.

A l'expiration du mois à partir de la date de l'affiche, lesdites taxes peuvent être perçues si, dans cet intervalle, le Ministre des Travaux publics les a homologuées.

Si des modifications à quelques-uns des prix affichés étaient prescrites par le Ministre, les prix modifiés devraient être affichés de nouveau et ne pourraient être mis en perception qu'un mois après la date de ces affiches.

ART. 69.

La compagnie est tenue d'effectuer avec soin, exactitude et célérité, et sans tour de faveur, les transports des marchandises, bestiaux et objets de toute nature qui lui sont confiés.

Au fur et à mesure que des colis, des bestiaux ou des objets quelconques arrivent au chemin de fer, enregistrement en est fait immédiatement, avec mention du prix total dû pour le transport. Le transport s'effectue dans l'ordre des inscriptions, à moins de délais demandés ou consentis par l'expéditeur et qui sont mentionnés dans l'enregistrement.

Un récépissé doit être délivré à l'expéditeur, s'il le demande, sans préjudice, s'il y a lieu, de la lettre de voiture. Le récépissé énonce la nature et le poids des colis, le prix total du transport et le délai dans lequel ce transport doit être effectué.

Les registres mentionnés au présent article sont présentés à toute réquisition des fonctionnaires et agents chargés de veiller à l'exécution du présent règlement.

6.

# TITRE VII.

## POLICE ET SURVEILLANCE.

### ART. 70.

La surveillance de l'exploitation des chemins de fer d'intérêt général s'exerce concurremment :

Par les ingénieurs des ponts et chaussées ou des mines, les conducteurs des ponts et chaussées, les contrôleurs des mines;

Par les fonctionnaires du contrôle de l'exploitation commerciale;

Par les commissaires du contrôle de l'État;

Et par les autres agents du contrôle.

Les attributions de ces agents sont définies par les règlements d'administration publique déterminant l'organisation du service du contrôle.

### ART. 71.

L'organisation du contrôle des voies ferrées d'intérêt local dans les départements est réglée par un arrêté du Préfet, rendu sur avis du Conseil général pour les concessions ou exploitations départementales, et sur avis du Conseil municipal ou du Comité du syndicat de communes pour les concessions ou exploitations communales ou intercommunales. Cet arrêté est soumis à l'approbation du Ministre des Travaux publics et des Transports.

En ce qui concerne les lignes communales ou intercommunales, l'arrêté du Préfet détermine les conditions dans lesquelles le Maire ou le Président du syndicat est consulté sur les propositions qui doivent donner lieu à une décision préfectorale ou ministérielle et le délai au terme duquel son silence est considéré comme un acquiescement.

Les agents du contrôle local sont nommés par le Préfet, sous l'autorité du Ministre des Travaux publics et des Transports, qui fixe par un arrêté les conditions de capacité que doivent remplir ces agents.

L'organisation du service central de contrôle des voies ferrées d'intérêt local, qui relève directement du Ministre par application de l'article 32 de la loi du 31 juillet 1913, est réglée par un arrêté ministériel.

ART. 72.

Les services du contrôle des voies ferrées d'intérêt local ont pour mission de veiller d'une manière générale à l'exécution des lois et règlements concernant ces voies ainsi que des conventions et cahiers des charges relatifs à chaque réseau, et notamment :

1° En ce qui concerne la construction et l'entretien :

De veiller à l'exécution des dispositions prescrites par le cahier des charges et de celles qui résultent des projets approuvés;

2° En ce qui concerne l'exploitation commerciale :

De s'assurer que la compagnie se conforme aux dispositions des règlements et des tarifs pour la perception des taxes ainsi que pour la réception et l'enregistrement des colis, leur transport et leur remise aux destinataires;

De veiller à l'exécution des mesures prescrites pour que le service des transports ne soit pas interrompu aux points extrêmes de lignes en communication l'une avec l'autre;

De vérifier les conditions des traités passés par les compagnies avec les entreprises de transport par terre ou par eau en correspondance avec la voie ferrée;

De constater le mouvement de la circulation des voyageurs et des marchandises, les dépenses d'entretien et d'exploitation, et les recettes;

3° En ce qui concerne l'exploitation technique :

De vérifier l'état de la voie, des terrassements, des ouvrages d'art, du matériel roulant et des installations faites par la compagnie pour la production et la transmission de l'énergie;

De veiller à l'exécution des mesures prescrites dans l'intérêt de la sûreté de l'exploitation ;

4° En ce qui concerne la police :

De surveiller la composition, le départ, l'arrivée, la marche et le stationnement des trains, la propreté des voitures à voyageurs et des locaux affectés au public, l'entrée, le stationnement et la circulation des voitures dans les cours et stations, l'admission du public dans les gares et sur les quais de la voie ferrée;

De veiller à l'observation, tant par le public que par la compagnie, de ceux des règlements relatifs aux voies publiques empruntées par la voie ferrée qui intéressent le service de celle-ci.

### ART. 73.

Les compagnies sont tenues de présenter, à toute réquisition, aux directeurs des services de contrôle ou à leurs délégués, leurs registres et pièces de dépenses et de recettes, leurs circulaires et ordres de service, les traités qu'elles ont passés avec d'autres entreprises de transport et, en général, tous les documents nécessaires à l'exercice de la mission confiée aux services de contrôle.

### ART. 74.

Les compagnies sont tenues de fournir des locaux convenables pour les commissaires du contrôle de l'État, en ce qui concerne les chemins de fer d'intérêt général, et aux agents du service du contrôle dont la présence permanente sur la ligne serait nécessaire, en ce qui concerne les voies ferrées d'intérêt local.

### ART. 75.

Toutes les fois qu'il arrive un accident sur un chemin de fer d'intérêt général, il en est fait immédiatement déclaration par la compagnie ou par ses agents au commissaire du contrôle de l'État de la circonscription.

Lorsque l'accident présente une certaine gravité, la compagnie exploitante avise en outre, par la voie la plus rapide, le Ministre des Travaux publics et des Transports, le directeur du service de contrôle, le Préfet du département, les ingénieurs du contrôle de la voie et de l'exploitation.

S'il s'agit d'une voie ferrée d'intérêt local, la déclaration est faite au chef du service du contrôle, l'avis est envoyé au Préfet si l'accident présente une certaine gravité.

Lorsqu'il se produit un fait de nature à donner ouverture à l'action publique et, en tous cas, s'il y a mort ou blessure, cet avis doit être également transmis au procureur de la République.

### ART. 76.

Les compagnies doivent soumettre leurs règlements relatifs au service à l'approbation du Ministre des Travaux publics et des Transports qui prescrit les modifications qu'il jugera nécessaires.

### ART. 77.

Il est défendu à toute personne :

1° De modifier ou déplacer sans autorisation et de dégrader, déranger ou altérer, pour quelque cause que ce soit, la voie ferrée, les talus, clôtures, barrières, bâtiments et ouvrages d'art, les installations de production, de transport et de distribution d'énergie, ainsi que les appareils et le matériel de toute nature servant à l'exploitation;

2° De rien jeter ou déposer sur les lignes de transport ou de distribution d'énergie;

3° D'empêcher le fonctionnement des signaux ou appareils quelconques et de manœuvrer sans en avoir mission ceux qui ne sont pas à la disposition du public;

4° De troubler ou entraver, par des signaux faits en dehors du service ou de toute autre façon, la mise en marche ou la circulation des trains;

5° De pénétrer, circuler ou stationner, sans autorisation régulière, dans les parties de l'enceinte ou des dépendances de la voie ferrée qui ne sont pas affectées à la circulation publique, d'y introduire aucuns animaux ou d'y laisser introduire ceux dont elle est responsable, d'y faire circuler ou stationner aucun véhicule étranger au service, d'y jeter ou déposer aucuns matériaux ou objets quelconques;

6° De laisser stationner sur les parties d'une voie publique occupée par une voie ferrée des voitures ou des animaux non gardés, d'y jeter ou déposer aucuns matériaux ou objets quelconques, de faire suivre les rails de la voie ferrée par des véhicules étrangers au service.

### ART. 78.

Il est interdit aux voyageurs :

1° D'entrer dans les voitures sans avoir pris un billet, lorsque la perception des taxes s'effectue dans les gares, stations ou haltes, d'occuper une place d'une classe supérieure à celle à laquelle leur billet leur donne droit ou d'effectuer un parcours supérieur à celui que comporte ce billet, sans avoir préalablement payé le supplément;

2° De prendre une place déjà retenue régulièrement par un autre voyageur et d'occuper abusivement les places et filets avec des effets, colis ou autres objets, chaque voyageur ne pouvant disposer que de l'espace situé au-dessus ou au-dessous de la place à laquelle il a droit;

3° D'occuper un emplacement non destiné aux voyageurs, de se placer indûment dans les compartiments ayant une destination spéciale, d'entraver la circulation dans les couloirs ou l'accès des compartiments;

4° De monter dans les voitures en surnombre des places indiquées en conformité de l'article 23 du présent règlement;

5° D'ouvrir les portières après le signal du départ; d'entrer dans les voitures ou d'en sortir autrement que par les accès ménagés à cet effet et placés du côté où se fait le service du train, de monter ou de descendre ailleurs que dans les gares, stations, haltes ou aux arrêts à ce destinés et lorsque le train est complètement arrêté;

6° De passer d'une voiture dans une autre autrement que par les passages disposés à cet effet, de se pencher au dehors et de rester debout sur les impériales pendant la marche;

7° De fumer dans les salles d'attente ainsi que dans les compartiments fermés des voitures, exception faite des compartiments portant l'inscription « fumeurs »:

8° De cracher ailleurs que dans les crachoirs disposés à cet effet;

9° De se servir sans motif plausible du signal d'alarme ou d'arrêt mis à la disposition des voyageurs pour faire appel aux agents de la compagnie;

10° D'enlever ou de détériorer les étiquettes, pancartes ou inscriptions intéressant le service de la voie ferrée.

Lorsque la perception du prix des places doit être effectuée dans les voitures, en vertu du cahier des charges ou d'une autorisation délivrée par le Ministre des Travaux publics et des Transports sur la proposition de la compagnie, tout voyageur est tenu de payer le prix de la place occupée par lui aussitôt que l'agent de perception se présente et, s'il ne s'est pas présenté, avant de quitter soit la voiture, soit la gare d'arrivée, suivant les cas. L'agent de perception est tenu de délivrer un billet à chaque voyageur.

Les voyageurs sont tenus d'obtempérer aux injonctions à eux adressées par les agents de la compagnie pour assurer l'observation des dispositions contenues dans le présent règlement et pour éviter tout désordre.

### ART. 79

*(applicable seulement aux sections des voies ferrées d'intérêt local établies sur les voies publiques).*

Tout piéton, cavalier, vélocipédiste, automobiliste ou conducteur de véhicule à traction animée doit, à l'approche d'une voiture ou d'un train appartenant au service de la voie ferrée, dégager immédiatement cette voie et s'en écarter de manière à livrer passage au matériel qui y circule;

Tout conducteur de troupeaux ou d'animaux doit les écarter de la voie ferrée à l'approche d'un train ou d'une voiture appartenant au service de cette voie.

### ART. 80.

Il est interdit d'admettre dans les voitures plus de voyageurs que ne le comporte le nombre de places indiqué, conformément à l'article 23.

### ART. 81.

L'entrée et le séjour dans l'enceinte du chemin de fer ou dans les dépendances de la voie ferrée, sont interdits à toute personne en état d'ivresse.

L'entrée des voitures est interdite à tous individus porteur d'armes à feu chargées ou d'objets qui, par leur nature, leur volume ou leur odeur, pourraient gêner ou incommoder les voyageurs.

Tout individu porteur d'une arme à feu doit, avant son admission sur les quais d'embarquement, faire constater que son arme n'est point chargée. Toutefois, lorsqu'ils y sont obligés par leur service, les agents de la force publique peuvent conserver avec eux, dans les voitures, des armes à feu chargées, à condition de prendre place dans des compartiments réservés.

Peuvent être exclues des compartiments affectés au public les personnes atteintes visiblement ou notoirement de maladies dont la contagion serait à redouter pour les voyageurs. Les compartiments dans lesquels elles ont pris place sont, dès l'arrivée, soumis à la désinfection.

### ART. 82.

Les personnes qui veulent expédier des matières de la nature de celles qui sont mentionnées à l'article 33 doivent les déclarer au moment où elles les apportent dans les gares du chemin de fer.

### ART. 83.

Aucun animal n'est admis dans les voitures servant au transport des voyageurs.

Toutefois, la compagnie peut placer dans des compartiments spéciaux les voyageurs qui ne voudraient pas se séparer de leurs chiens, pourvu que ces animaux soient muselés, en quelque saison que ce soit.

En outre, des exceptions peuvent être autorisées pour les animaux de petite taille convenablement enfermés.

### ART. 84.

Les cantonniers, garde-barrières et autres agents du chemin de fer doivent faire sortir immédiatement toute personne qui se serait introduite dans l'enceinte du chemin de fer ou dans quelque portion que ce soit des dépendances de la voie ferrée où elle n'aurait pas le droit d'entrer.

En cas de résistance de la part des contrevenants, tout employé de la voie ferrée peut requérir l'assistance des agents de la force publique.

Les animaux abandonnés qui sont trouvés dans l'enceinte du chemin de fer sont saisis et mis en fourrière.

## TITRE VIII.

### DISPOSITIONS DIVERSES.

### ART. 85.

Dans tous les cas où, conformément aux dispositions du présent règlement, le Ministre des Travaux publics et des Transports doit statuer sur la proposition d'une compagnie, celle-ci est tenue de lui soumettre cette proposition dans le délai qu'il aura déterminé, faute de quoi le Ministre pourra statuer directement.

Si le Ministre pense qu'il y a lieu de modifier la proposition de la compagnie, il doit, sauf le cas d'urgence, entendre la compagnie avant de prescrire les modifications.

## ART. 86.

### ( *Non applicable aux tramways urbains.* )

Si les installations de certaines gares, leur personnel ou le matériel roulant sont insuffisants pour permettre à la compagnie d'assurer dans les circonstances normales la marche régulière du service, en observant les conditions et délais déterminés par les règlements et les tarifs, la compagnie, sur la mise en demeure qui lui est adressée par le Ministre, doit prendre les mesures nécessaires pour y pourvoir.

Faute par elle d'avoir présenté au Ministre, dans le délai imparti par la mise en demeure, des propositions ou des projets suffisants, le Ministre statue directement.

En ce qui concerne les voies ferrées d'intérêt local, la mise en demeure est adressée et les mesures à prendre sont arrêtées, s'il y a lieu, par le Ministre sur la proposition du Préfet et sur le rapport de l'Inspecteur général du contrôle de ces voies.

## ART. 87.

### ( *Applicable seulement aux tramways urbains.* )

Si les installations des garages ou le matériel roulant sont insuffisants pour permettre d'assurer, dans les circonstances normales, la marche régulière du service en se conformant aux conditions résultant des règlements et du cahier des charges pour les horaires et la composition des trains, la compagnie doit prendre les mesures nécessaires pour y pourvoir, à la suite de la mise en demeure qui lui est adressée par le Ministre des Travaux publics et des Transports.

Faute par elle d'avoir présenté au Préfet, dans le délai imparti par la mise en demeure, des propositions ou des projets suffisants, le Ministre statue directement sur la proposition du Préfet et sur le rapport de l'Inspecteur général du contrôle des voies ferrées d'intérêt local.

### ART. 88.

*(Non applicable aux tramways urbains.)*

Aux gares désignées par le Ministre, les compagnies entretiennent les médicaments et moyens de secours nécessaires en cas d'accident.

### ART. 89.

Aucun crieur, vendeur ou distributeur d'objets quelconques ne peut être admis par les compagnies à exercer sa profession dans les cours ou bâtiments des gares qu'en vertu d'une autorisation spéciale du Préfet du département, et dans les trains, qu'en vertu d'une autorisation spéciale du Ministre des Travaux publics et des Transports.

### ART. 90.

Il est interdit d'introduire dans l'enceinte du chemin de fer, pour y être consommées par les agents, des boissons alcooliques autres que le vin, la bière, le cidre, le poiré ou l'hydromel non additionnés d'alcool.

Il est interdit au personnel des hôtels établis dans l'enceinte du chemin de fer, des buffets, buvettes et wagons-restaurants, de vendre aux agents et employés du chemin de fer des boissons alcooliques autres que celles qui sont dénommées ci-dessus.

Un règlement arrêté par la compagnie et approuvé par le Ministre des Travaux publics et des Transports détermine les quantités de vin, bière, cidre, poiré ou hydromel non additionnés d'alcool que les agents des diverses catégories peuvent prendre avec eux, pour leur consommation personnelle pendant le service.

### ART. 91.

Le Ministre détermine, la compagnie entendue, les dispositions relatives à la durée du travail des agents qu'il juge nécessaires à la sécurité de l'exploitation.

### ART. 92.

Tout agent employé sur les chemins de fer est revêtu d'un uniforme ou d'un signe distinctif.

### ART. 93.

Nul ne peut être employé en qualité de mécanicien conducteur de train ou de chauffeur s'il ne produit des certificats de capacité délivrés dans les formes qui sont déterminées par le Ministre des Travaux publics et des Transports.

### ART. 94.

Il est tenu dans chaque gare un registre destiné à recevoir les réclamations des voyageurs, expéditeurs ou destinataires qui auraient des plaintes à former, soit contre la compagnie, soit contre ses agents. Ce registre est présenté à toute réquisition des voyageurs, expéditeurs ou destinataires, et communiqué sur place aux fonctionnaires et agents du contrôle.

Dès qu'une plainte a été inscrite sur le registre, le chef de gare doit en envoyer copie au commissaire du contrôle de l'État de la circonscription sur les chemins de fer d'intérêt général, ou au chef du service du contrôle sur les voies ferrées d'intérêt local.

### ART. 95.

Les registres mentionnés aux articles 20, 31, 60 et 94 sont cotés et paraphés par le commissaire du contrôle de l'État ou par le fonctionnaire du contrôle des voies ferrées d'intérêt local désigné à cet effet.

### ART. 96.

Des exemplaires du présent décret sont constamment affichés dans les gares, à la diligence des compagnies.

Le conducteur principal d'un train en marche doit également être muni d'un exemplaire du décret.

Des extraits contenant les dispositions qui concernent chacun d'eux sont délivrés aux mécaniciens, chauffeurs, gardes-freins, cantonniers, gardes-barrières et autres agents employés sur la voie ferrée.

Des extraits, contenant les règles à observer par les voyageurs pendant le trajet, sont placés dans chaque compartiment.

### ART. 97.

Sont constatées, poursuivies et réprimées, conformément au Titre III de la loi du 15 juillet 1845 sur la police des chemins de fer, les contraventions au présent décret, aux décisions rendues par le Ministre des Travaux publics et des Transports et aux arrêtés pris sous son approbation, s'il y a lieu, par les Préfets, pour l'exécution dudit décret.

### ART. 98.

Les attributions données aux Préfets des départements par le présent décret sont exercées par le Préfet de police dans toute l'étendue de son ressort.

### ART. 99.

Sont abrogés, sous les réserves inscrites à l'article 100, l'ordonnance du 15 novembre 1846, modifiée par décret du 1er mars 1901, portant règlement d'administration publique sur la police, la sûreté et l'exploitation des chemins de fer, et le décret du 16 juillet 1907 portant règlement d'administration publique pour l'exécution de la loi du 11 juin 1880 en ce qui concerne les voies ferrées établies sur le sol des voies publiques.

### ART. 100.

Restent applicables à titre transitoire :

1° Aux voies ferrées d'intérêt local concédées sous le régime du décret du 6 août 1881, portant règlement d'administration publique pour l'établissement et l'exploitation des voies ferrées sur le sol des voies publiques, les articles 1 à 15, 17 et 18 du Titre I<sup>er</sup> (Construction), l'article 41 du Titre III (Police et surveillance), les articles 42, 43, 47 à 50 et 52 du Titre IV (Dispositions diverses) de ce décret;

2° Aux voies ferrées d'intérêt local concédées sous le régime du décret susvisé du 16 juillet 1907 les articles 1 à 15, 17 à 18 du Titre I<sup>er</sup> (Construction), 63 à 65, 69 à 72 et 74 du Titre VIII (Conditions imposées à toutes les concessions) de ce décret.

Les mêmes articles restent applicables aux embranchements et prolongements des voies ferrées mentionnées sous les numéros 1° et 2° ci-dessus concédés postérieurement à la publication du présent décret et soumis au cahier des charges antérieurement approuvé pour les réseaux auxquels ils se raccordent.

Ces dispositions transitoires cesseront d'être applicables à chacune des lignes ci-dessus désignées lorsque son cahier des charges aura été complété par des articles remplaçant les articles des règlements antérieurs provisoirement maintenus en vigueur.

### ART. 101.

Le Ministre des Travaux publics et des Transports est chargé de l'exécution du présent décret, qui sera publié au *Journal officiel* de la République française et inséré au *Bulletin des Lois.*

Fait à Paris, le 11 novembre 1917.

R. POINCARÉ.

Par le Président de la République :

*Le Ministre des Travaux publics et des Transports,*

A. CLAVEILLE.

www.ingramcontent.com/pod-product-compliance
Lightning Source LLC
Chambersburg PA
CBHW061238030726
47595CB00004B/1593